CB018178

Direção-geral: Ágda França
Tradução: Andréia Schweitzer
Textos: Sally Ann Wright
Ilustrações: Frank Endersby

A versão da Bíblia utilizada aqui como referência é *A Bíblia*, (São Paulo, Paulinas, 2023), com as devidas e necessárias adaptações.

Título original: My Little Christening Gift Books –
My Little Christening Book

Este livro é parte integrante da coleção
"Vivendo no coração de Deus: trilogia infância católica".
Não pode ser vendido separadamente.

Cadastre-se e receba nossas informações
paulinas.com.br
Telemarketing e SAC: 0800-7010081

Paulinas
Rua Dona Inácia Uchoa, 62
04110-020 – São Paulo – SP (Brasil)
(11) 2125-3500
editora@paulinas.com.br

Meu Primeiro Diário

Sally Ann Wright
e Frank Endersby

Cheguei!

"É em casa que as crianças vivem
a primeira vivência de amor.
Assim como todos recebemos o dom de amar, porque
Deus nos amou primeiro, também os filhos recebem
a capacidade de amar através da experiência de seus pais."
(Jack Dominian)

Meu nome é ....

Eu nasci no dia ....

Horário do meu nascimento ....

Local de nascimento ....

....

....

....

Ao nascer, eu pesava ....

Meu cabelo era..

Meus olhos eram..

Senhor, tu me sondaste e me conheces.
Agradeço-te: fui feito maravilhosamente.
Tuas ações são maravilhosas:
minha alma as reconhece inteiramente!
(Salmo 139,1.14)

Primeiras visitas

Eis que a herança do SENHOR
são os filhos.
(Salmo 127,3)

Visitas que recebi logo que nasci ....

....

....

....

....

....

....

....

....

Agradecemos a Deus Pai
pelo parto seguro do nosso bebê,
pelo milagre da nova vida,
pela maravilha de uma nova criação
e pelo mistério do amor humano.
Agradecemos-lhe por saber nosso nome
e por ter-nos amado desde o início.
Fique conosco, enquanto aprendemos
as alegrias e os desafios de sermos pai e mãe
e ajude-nos a confiar na Providência
para suprir todas as nossas necessidades.

Esta é a minha família

(Apresente sua família.)

Agradeço-lhe, Senhor, pelos meus pais
e por toda a minha família.
Agradeço-lhe por estar sempre conosco,
envolvendo-nos com seu amor,

e por ter-nos dado uns aos outros
para cuidar, aprender e compartilhar,
dia após dia.

A família do meu pai

O nome do meu pai é

....

Local e data de nascimento

....

....

O nome do meu avô é

....

Local e data de nascimento

....

....

O nome da minha bisavó é

....

....

O nome do meu bisavô é

....

....

O nome da minha avó é

....

Local e data de nascimento

....

....

O nome do meu bisavô é

....

....

O nome da minha bisavó é

....

....

A família da minha mãe

O nome da minha mãe é

....

Local e data de nascimento

....

....

O nome do meu avô é

....

Local e data de nascimento

....

....

O nome da minha bisavó é

....

....

O nome do meu bisavô é

....

....

O nome da minha avó é

....

Local e data de nascimento

....

....

O nome do meu bisavô é

....

....

O nome da minha bisavó é

....

....

Meus avós

Deus Pai,
agradecemos-lhe pelos avós queridos que cuidam de nós.
Agradecemos-lhe pelos avozinhos que ficaram
na feliz expectativa de nossa chegada.
Agradecemos-lhe pela força e suavidade.
Agradecemos-lhe pela sabedoria e coragem.
Ajude-nos a aprender com aqueles que vieram antes de nós
e a amá-los como eles nos amam.

O que meus avós desejam para mim

....

....

....

....

....

O que meus avós querem que eu saiba sobre eles

....

....

....

....

....

....

Minha casa

Meu endereço é..

....

....

Meu local preferido para dormir é...

....

....

Senhor Jesus, que viveu em Nazaré uma vida comum.
Abençoe nosso lar com paz e alegria.
Dê a meus pais força e sabedoria,
assim como o sol nasce a cada manhã,
amor e paciência para enfrentar o dia a dia
e um descanso tranquilo, enquanto as estrelas iluminam a noite.

Senhor Deus, que fez o mundo e foi muito bom.
Senhor Deus, que me deu um lar,
um lugar onde estarei protegido.
Senhor Deus, que me deu pessoas para me amar e cuidar de mim.
Agradeço-lhe por todas as coisas boas que recebi.

Meus progressos

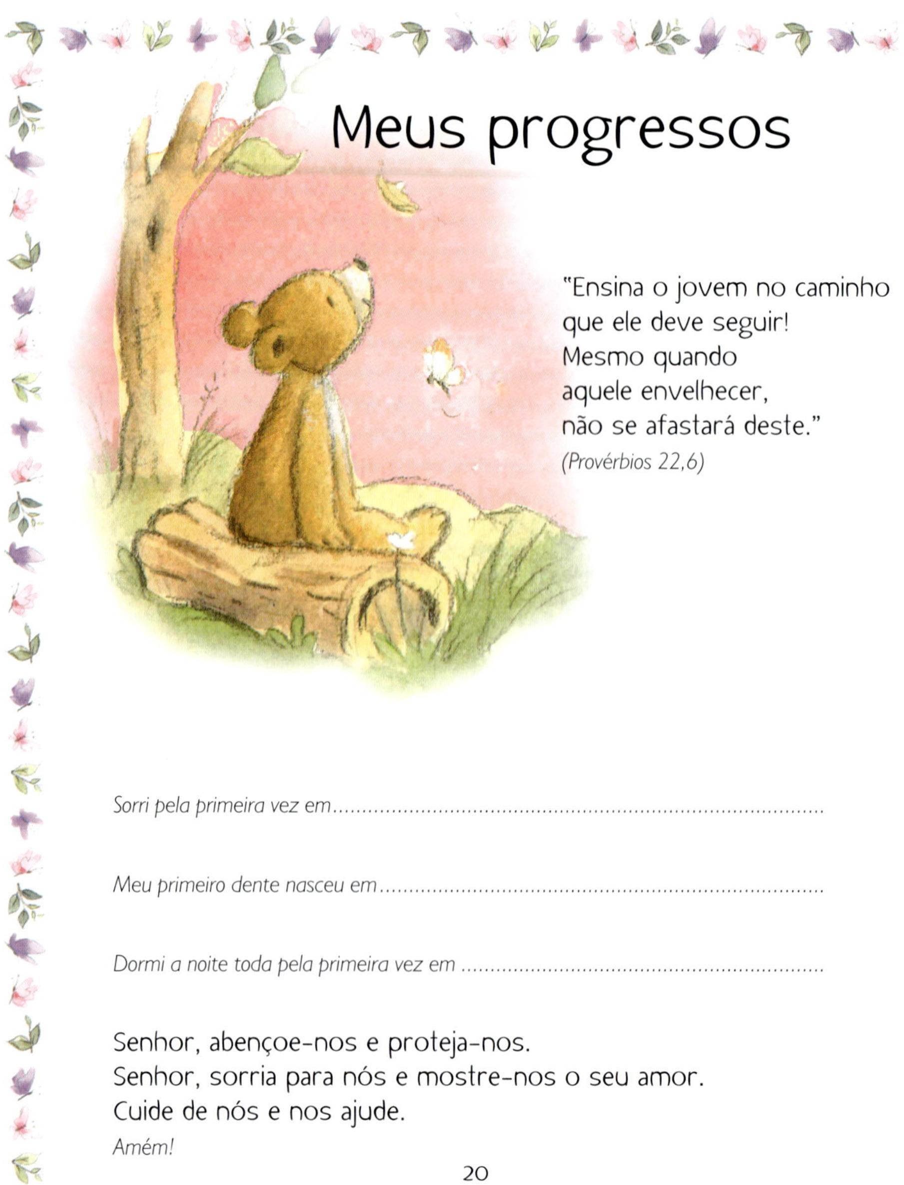

"Ensina o jovem no caminho
que ele deve seguir!
Mesmo quando
aquele envelhecer,
não se afastará deste."
(Provérbios 22,6)

Sorri pela primeira vez em..

Meu primeiro dente nasceu em..

Dormi a noite toda pela primeira vez em ....

Senhor, abençoe-nos e proteja-nos.
Senhor, sorria para nós e mostre-nos o seu amor.
Cuide de nós e nos ajude.
Amém!

Sentei sozinho pela primeira vez em...

Engatinhei pela primeira vez em...

Falei pela primeira vez em ....

As primeiras palavras que falei foram ....

Fiquei em pé sem ajuda em ....

Dei os primeiros passos em ....

Tomei a minha primeira vacina em ....

Usei a mamadeira pela primeira vez em..

Dormi sozinho pela primeira vez no meu quarto em...

Meu primeiro dentinho apareceu em ....

Jesus, amigo das crianças,
seja meu amigo também;
segure minha mão
e fique sempre perto de mim.
(Walter J. Matham)

Minhas preferências

Os animais de que mais gosto são ....

Meus melhores amigos são ....

Meus brinquedos favoritos são..

Minha história favorita é ....

Minha brincadeira favorita é ....

Minha música favorita é ....

Minha cor favorita é ....

Minhas comidas preferidas são..

Minhas bebidas prediletas são...

O que mais gosto de fazer ....

....

....

....

....

Querido Deus,
agradeço-lhe pelos meus amigos e pelos animais.
E agradeço-lhe pelos meus brinquedos
e por todas as outras coisas especiais.
Por favor, ensine-me a compartilhar tudo
o que tenho com os outros.
Amém.

Agradeço-lhe, Senhor, pelo canto dos pássaros.
Agradeço-lhe pela luminosidade dos astros.
Agradeço-lhe pela natureza.
Agradeço-lhe por tudo o que existe de belo.

O dia do meu Batismo

Agradecemos ao Pai Celestial
por nos dar esta criança para cuidarmos.
Ajude-nos a ser amorosos e pacientes,
sempre prontos a apoiar e perdoar.
Guie-nos em tudo que fizermos
para que o nosso amor transborde.
Que a bênção de hoje esteja presente todos os dias,
oferecendo a essa criança proteção.
Ajude-a a crescer com sabedoria e graça
e a amar e servir a Deus.

Local do Batismo..

....

Data do Batismo..

Idade ....

Nome do padrinho ....

Nome da madrinha..

Familiares que estiveram presentes..

....

....

....

Amigos que estiveram presentes..

....

....

....

Jesus disse:
"Deixai as crianças
e não as impeçais de virem a mim,
pois o Reino dos Céus
é daqueles que são como elas!"
(Mateus 19,14)

Momentos especiais

"Cada dia é único –
as memórias de amanhã
estão sendo criadas hoje.
Invista em memórias positivas
para que as memórias da infância
moldem a pessoa do futuro."
(Marion Stroud)

Meu primeiro Natal

Passei meu primeiro Natal em..

Minha idade era ....

Pessoas que participaram do Natal..

....

....

Esse dia foi marcado por..

....

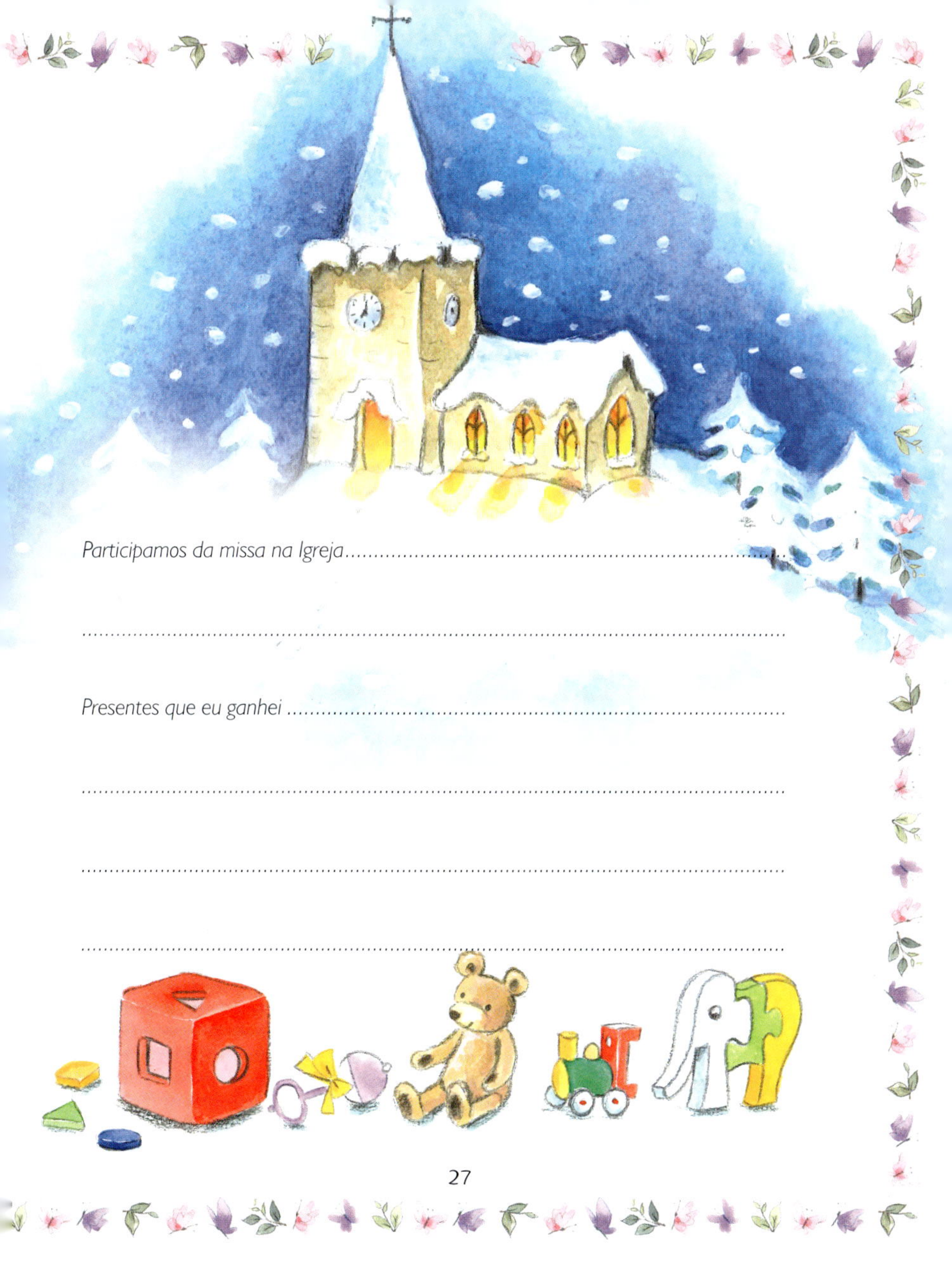

Participamos da missa na Igreja..

....

Presentes que eu ganhei ....

....

....

....

Minhas primeiras férias

Que o caminho seja brando a seus pés,
e o vento sopre leve em seus ombros.
Que o sol brilhe cálido sobre sua face,
e as chuvas caiam serenas em seus campos.
E, até que de novo eu veja você,
que Deus guarde-o na palma de sua mão.
(Bênção irlandesa)

Minhas primeiras férias foram em...

....

Minha idade era ....

Lugares que conheci e visitei..

....

Pessoas que compartilharam esses momentos comigo ....

....

Nas minhas primeiras férias eu...

....

....

Que o Senhor te guarde de todo mal,
que guarde tua alma!
Que o Senhor guarde tua saída e tua chegada,
desde agora e para sempre!
(Salmo 121,7-8)

O Senhor nos abençoe e nos guarde!
Que o Senhor faça brilhar sua face
e tenha piedade de nós!
O Senhor levante sua face para nós
e nos conceda a paz!
Que a bênção do Deus todo-poderoso,
o Pai, o Filho e o Espírito Santo,
esteja conosco e permaneça
agora e para sempre.

Cf. Números 6

Que a paz de Deus,
que ultrapassa todo entendimento,
mantenha nosso coração e nossa mente
no conhecimento e no amor de Deus
e de seu Filho Jesus Cristo, nosso Senhor.
Que a bênção do Deus todo-poderoso,
o Pai, o Filho e o Espírito Santo,
esteja conosco e permaneça
agora e para sempre.

Bênção tradicional

Deus abençoe todos aqueles que amo;
Deus abençoe todos aqueles que me amam;
Deus abençoe todos aqueles que amam aqueles que eu amo
e todos aqueles que amam aqueles que me amam.

Oração tradicional da Nova Inglaterra

Iluminai nossa escuridão,
Senhor, nós vos pedimos,
e, por vossa grande misericórdia,
defendei-nos de todos os perigos desta noite,
pelo amor de Jesus, teu único Filho.

Oração tradicional

Estejas perto de mim, Senhor Jesus,
eu peço que fiques
perto de mim para sempre
e me ames.
Abençoa todos os queridos filhos
que estão sob teu terno cuidado
e nos leva para o céu
para morar contigo.

Anon

Senhor, sei que estás perto,
nas trevas e na luz,
na cidade e no deserto.
Cuida de mim, Jesus!

Bethan James

Com Deus me deito,
com Deus me levanto,
com a graça de Deus
e do Divino Espírito Santo.
Nossa Senhora me cubra
com o seu divino manto.

Oração tradicional

Sob teu cuidado amoroso,
sob a tua guarda,
tu, que estás em todo lugar,
leva-nos, nós te pedimos.

Oração tradicional

Senhor, mantende-nos seguros esta noite,
protegidos de todos os nossos medos;
que os anjos nos guardem enquanto dormimos,
até a luz da manhã surgir.

John Leeland

Santo Anjo do Senhor,
meu zeloso guardador,
pois que a ti me confiou a piedade divina,
hoje e sempre me governa, rege, guarda e ilumina.

Oração ao Anjo da Guarda

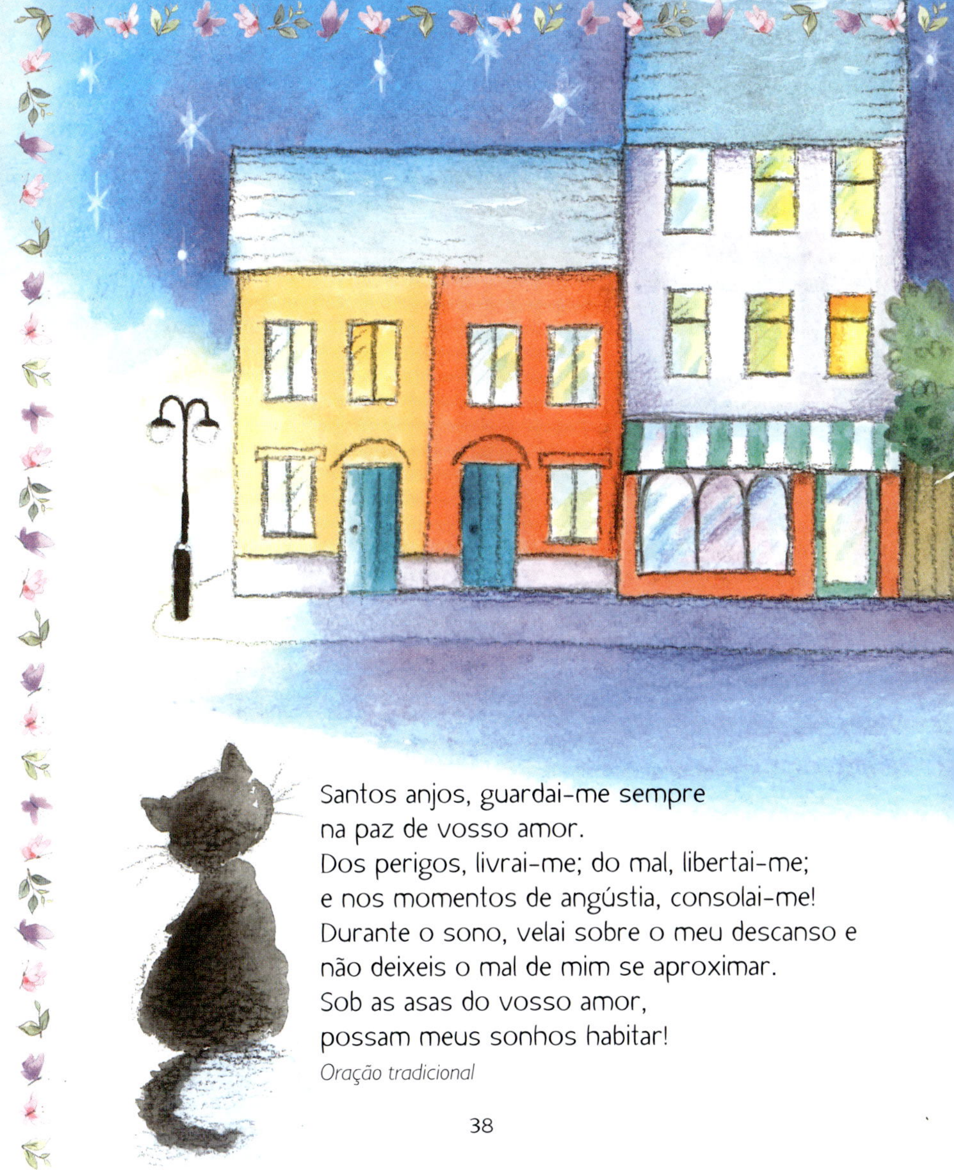

Santos anjos, guardai-me sempre
na paz de vosso amor.
Dos perigos, livrai-me; do mal, libertai-me;
e nos momentos de angústia, consolai-me!
Durante o sono, velai sobre o meu descanso e
não deixeis o mal de mim se aproximar.
Sob as asas do vosso amor,
possam meus sonhos habitar!

Oração tradicional

Joaninhas pintadinhas, caracóis listrados,
pequenas aranhas, abelhas zumbindo,
lesmas pegajosas deixando trilhas prateadas,
minhocas e centopeias ondulantes,
criaturas rastejantes com longas caudas:
obrigado, Deus, vós fizestes tudo isso.

Bethan James

Que Deus, que veste os lírios do campo
e alimenta os pássaros do céu,
que conduz os cordeiros ao pasto
e guia o cervo até a água,
vista-nos, alimente-nos, conduza-nos, guie-nos,
e faça com que sejamos mais parecidos com nosso
amoroso Criador.

Oração tradicional

Ó Senhor Deus, como tu és magnífico!
Quando olho para o céu
e vejo a lua e as estrelas,
sinto-me tão pequeno
e não entendo por que se preocupa comigo.
Ó Senhor Deus, como tu és magnífico!
Cf. Salmo 8

No primeiro Natal, Senhor, os anjos cantaram
anunciando alegria e paz na terra
por causa do nascimento de Jesus,
nosso Salvador.
Agora é Natal de novo,
os sinos da igreja tocam e as pessoas cantam
glória a ti, Senhor, nosso rei recém-nascido!

Jonathan Williams

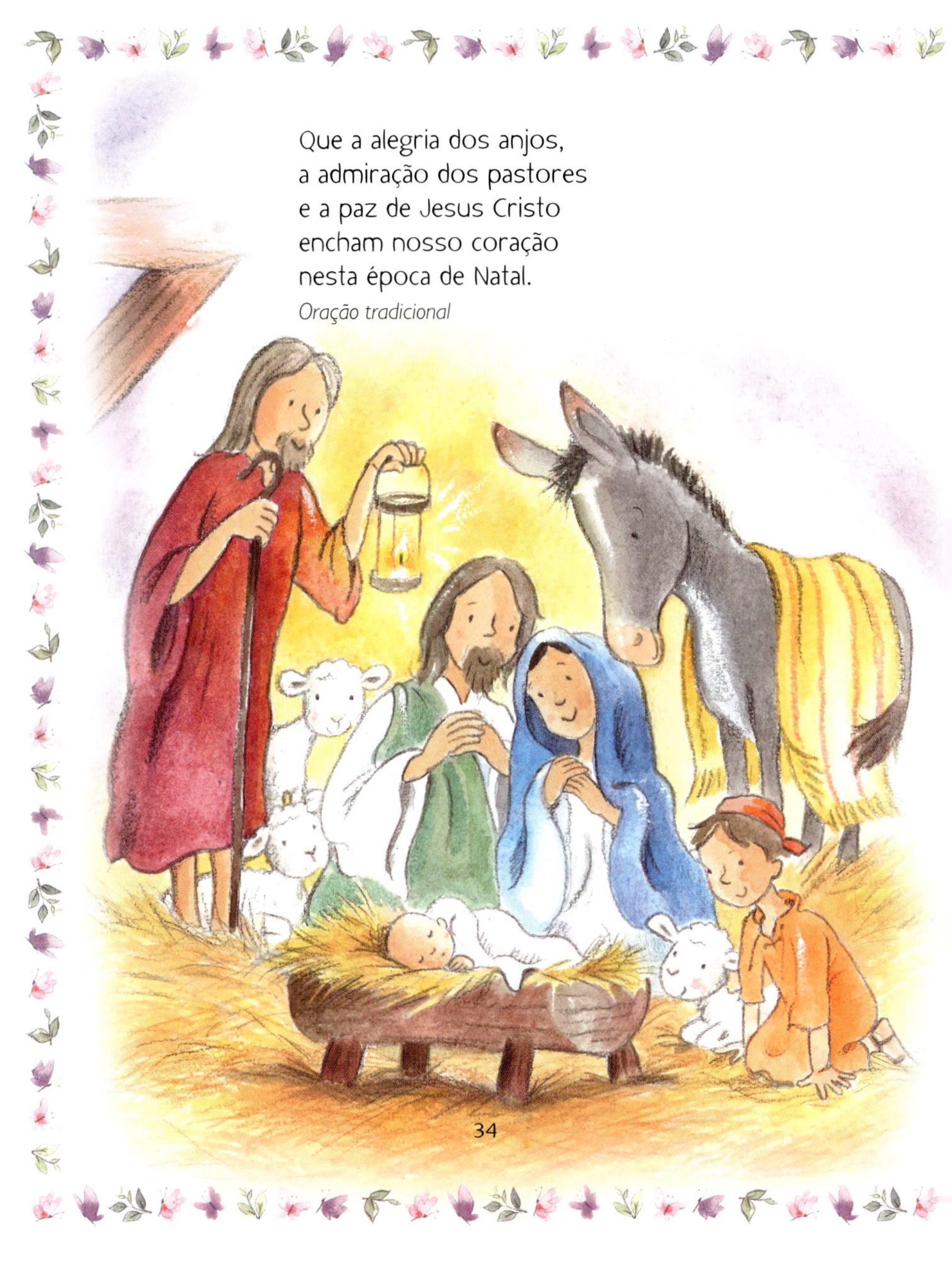

Que a alegria dos anjos,
a admiração dos pastores
e a paz de Jesus Cristo
encham nosso coração
nesta época de Natal.

Oração tradicional

A Deus, que dá o pão nosso de cada dia,
uma canção de agradecimento entoamos,
e a ele, que nos alimenta, rezamos
para que encha nosso coração de louvores.
Thomas Tallis

Todos os dons ao nosso redor
são dádivas dos céus.
Então sejamos gratos ao Senhor,
demos graças a Deus,
por todo o seu amor.

Matthias Claudius

As aves são agradecidas pelas montanhas,
os peixes são agradecidos pelo mar,
damos graças pelas nossas bênçãos
e pelas que estamos prestes a receber.

Oração tradicional norte-americana

Ó Deus, vosso generoso
amor nos rodeia,
e tudo o que gostamos
vem de vós.

Oração metodista

Ó Mestre,
fazei que eu procure mais:
consolar, que ser consolado;
compreender, que ser compreendido;
amar, que ser amado.
Pois é dando que se recebe.
Perdoando, que se é perdoado,
e é morrendo que se vive para a vida eterna!

São Francisco de Assis

Senhor, fazei de mim um instrumento de vossa paz.
onde houver ódio, que eu leve o amor,
onde houver ofensa, que eu leve o perdão.
onde houver discórdia, que eu leve a união.
onde houver dúvida, que eu leve a fé.
onde houver erro, que eu leve a verdade.
onde houver desespero, que eu leve a esperança.
onde houver tristeza, que eu leve a alegria.
onde houver trevas, que eu leve a luz!

Cristo comigo, Cristo em mim,
Cristo à minha frente, Cristo atrás de mim,
Cristo embaixo de mim, Cristo acima de mim,
Cristo à minha direita, Cristo à minha esquerda,
Cristo ao me deitar, Cristo ao me sentar,
Cristo ao me levantar,
Cristo no coração de todos a quem eu falar,
Cristo na boca de todos os que me falarem,
Cristo em todos os olhos que me virem,
Cristo em todos os ouvidos que me ouvirem.

Couraça de São Patrício

Deus esteja na minha cabeça
e no meu entendimento;
Deus esteja em meus olhos
e no meu olhar;
Deus esteja na minha boca
e no meu falar;
Deus esteja em meu coração
e no meu pensamento;
Deus esteja no meu fim
e na minha partida.

Cartilha de orações do século XVI

Eu estava em apuros,
chamei o Senhor
e ele me respondeu.
Eu gritei por socorro
e ele ouviu a minha voz.
Achei que nada poderia salvar-me,
mas ele ouviu o meu apelo
e veio ao meu encontro.

Cf. Jonas 2,1.7

Senhor, tu és meu abrigo e minha força,
minha ajuda nos momentos de aflição.
Por isso, não terei medo
mesmo que as coisas fiquem difíceis.

Cf. Salmo 46

Senhor, por favor,
seja uma chama brilhante
diante de mim,
uma estrela-guia acima de mim,
um caminho suave abaixo de mim,
e um bom pastor atrás de mim,
hoje e todos os dias.

Cf. São Columba de Iona

Senhor, inclina teu ouvido!
Responde-me, porque preciso de ti!
Guarda minha alma, porque eu sou fiel!
Ouve minha oração, porque tu és meu Senhor!

Cf. Salmo 86,1-2

Dai-me a luz para meu caminho encontrar
mesmo quando pelas sombras eu andar.
Sejais como a estrela a me guiar,
Senhor, Deus Pai.

Uma oração de Israel

Levanto meus olhos para os montes:
de onde vem o meu auxílio?
Meu auxílio vem de junto do Senhor,
aquele que fez os céus e a terra.
O Senhor é meu guardião
de dia e de noite.
O Senhor me guarda de todo mal,
não importa onde eu esteja ou o que faça.

Cf. Salmo 121

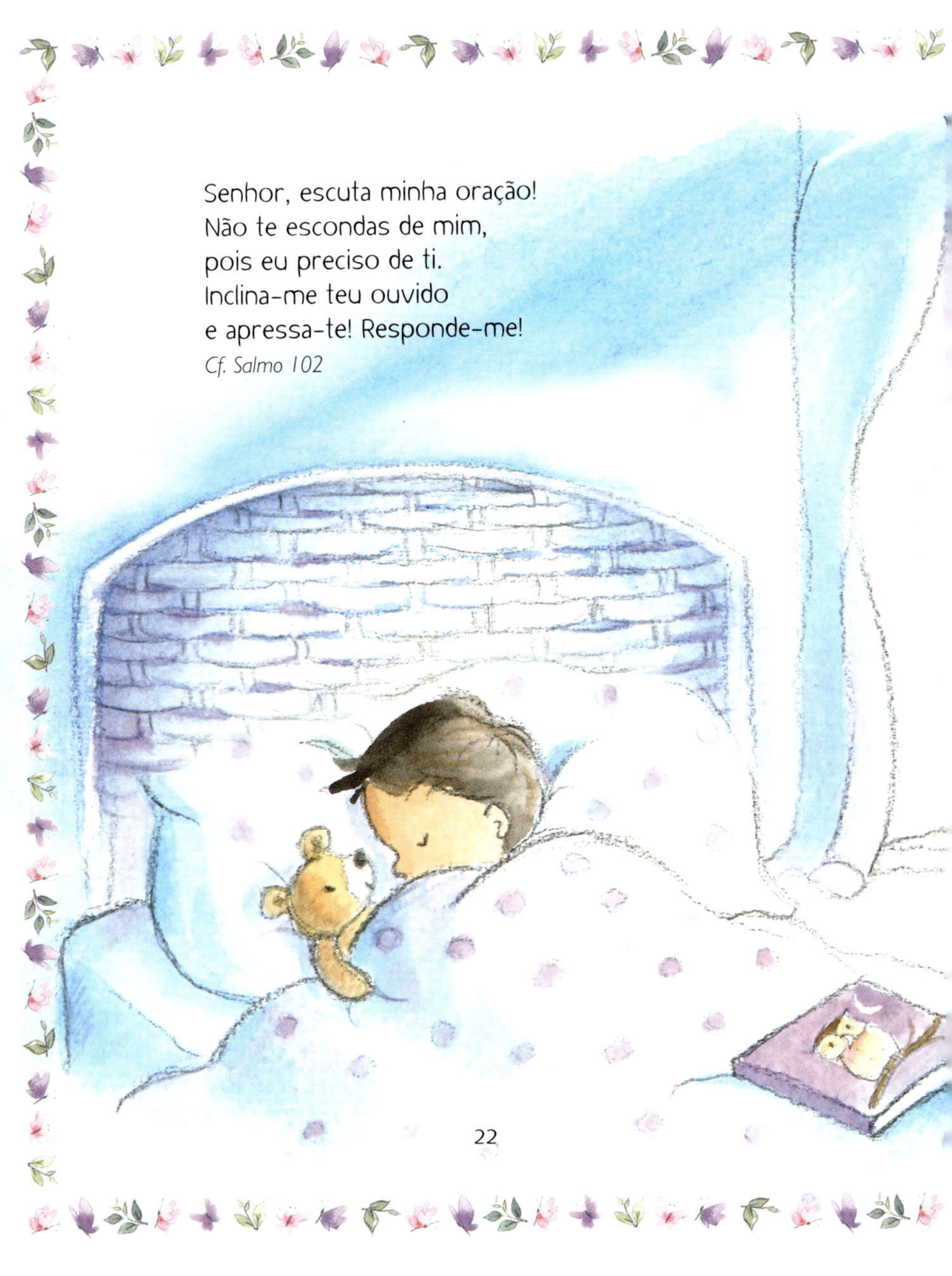

Senhor, escuta minha oração!
Não te escondas de mim,
pois eu preciso de ti.
Inclina-me teu ouvido
e apressa-te! Responde-me!
Cf. Salmo 102

Meu Deus, eu me arrependo de todo o coração
de vos ter ofendido,
porque sois bom e amável.
Prometo, com a vossa graça,
nunca mais pecar.
Meu Jesus, misericórdia!
Amém.

Ato de contrição

Senhor, quando pecarmos,
quando soubermos que somos culpados
e pedirmos perdão,
escuta nos céus, lugar de tua morada,
nossa oração e nossa súplica,
e perdoa-nos.

Cf. 1 Reis 8,46-50

Senhor, escuta a minha súplica.
Escuta, no lugar de tua morada,
nos céus; escuta e perdoa.

Cf. 1 Reis 8,30

Senhor, ensina-me a ser generoso.
Ensina-me a servir-te como tu mereces;
a dar, e a não contar o custo,
a lutar, e a não atender às feridas,
a trabalhar, e a não procurar descanso,
a trabalhar, e a não pedir recompensa,
exceto a de saber que estamos fazendo a tua vontade.

Santo Inácio de Loyola

Louvado seja Deus, de quem emanam
todas as bênçãos.
Louvai-o, todas as criaturas aqui abaixo.
Louvai-o acima, vós, exército celestial.
Louvado sejais, Pai, Filho e Espírito Santo.

Thomas Ken

Vinde! Cantemos ao Senhor!
Coloquemo-nos diante dele
em ação de graças!
Porque o Senhor é grande,
em suas mãos estão as profundezas da terra
e dele são os topos dos montes;
dele é o mar, pois ele o fez,
e suas mãos formaram a terra seca.
Vinde! Curvemo-nos,
ajoelhemo-nos diante do Senhor, que nos fez!
Porque ele é nosso Deus:
ele nos ama e cuida de nós.

Cf. Salmo 95

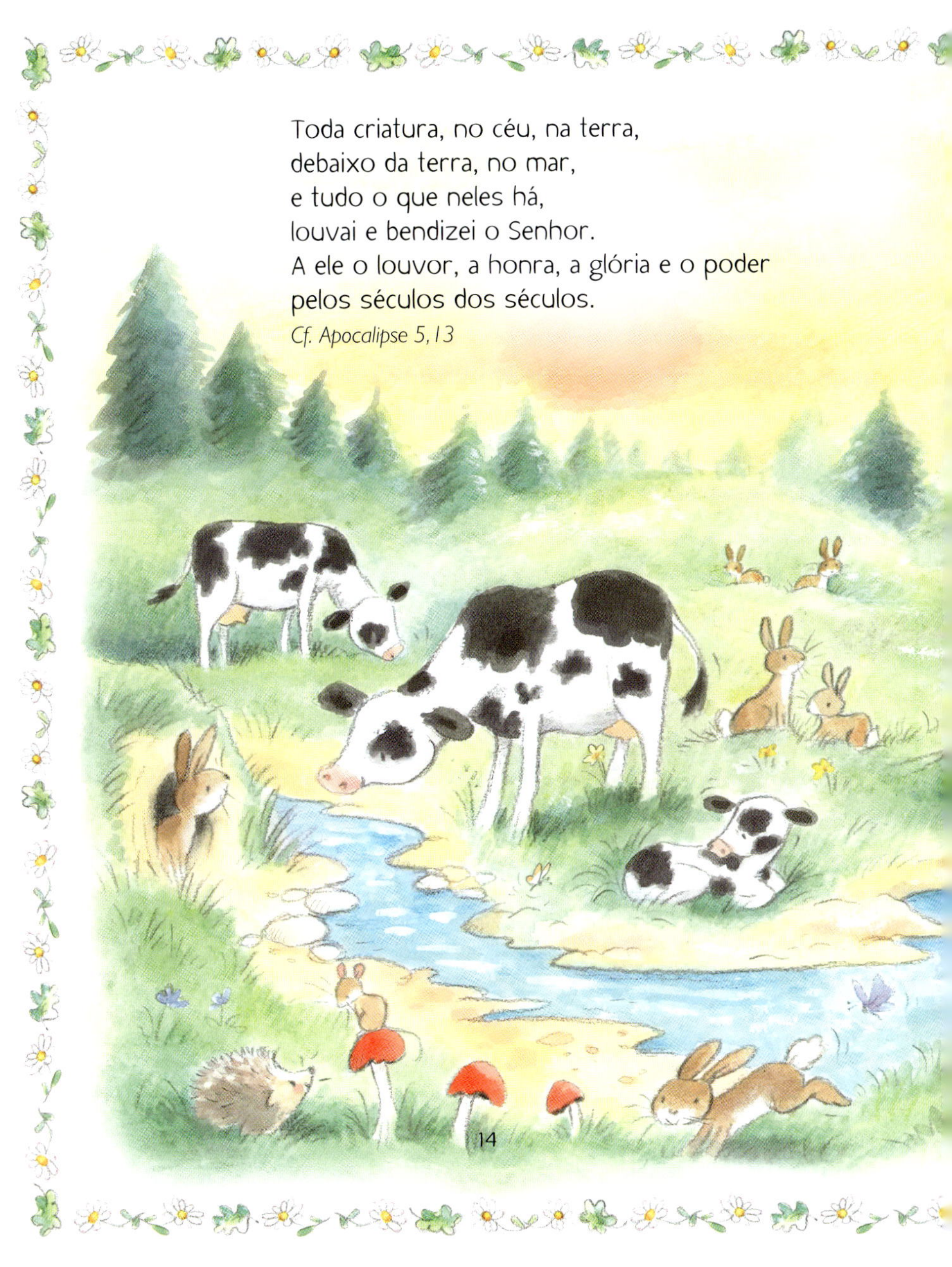

Toda criatura, no céu, na terra,
debaixo da terra, no mar,
e tudo o que neles há,
louvai e bendizei o Senhor.
A ele o louvor, a honra, a glória e o poder
pelos séculos dos séculos.

Cf. Apocalipse 5,13

Do nascer
ao pôr do sol,
quero louvar
o nome do Senhor!
Cf. Salmo 113,3

Que tudo o que eu disser
e tudo o que eu pensar
seja bom e gentil,
Senhor, meu rochedo
e meu resgatador!
Cf. Salmo 19,15

A ti, Senhor, a grandeza, o poder,
o esplendor, a glória e a majestade,
porque tudo, nos céus e na terra,
te pertence.

1 Crônicas 29,11

Tu és digno, ó Senhor e Deus nosso,
de receber a glória, a honra e o poder,
porque criaste todas as coisas
e por causa de tua vontade existem
e foram criadas.

Apocalipse 4,11

Misericordioso Redentor,
amigo e irmão,
que possamos conhecer-te
com mais clareza,
amar-te mais ternamente,
e seguir-te mais de perto,
dia após dia.

Cf. Ricardo de Chichester

Pai nosso que estais nos céus,
santificado seja o vosso nome,
venha a nós o vosso Reino,
seja feita a vossa vontade,
assim na terra como no céu.
O pão nosso de cada dia nos dai hoje;
e perdoai-nos as nossas ofensas
assim como nós perdoamos
a quem nos tem ofendido.
Não nos deixeis cair em tentação.
Mas livrai-nos do mal.
Amém.

Pai-Nosso

Senhor, tuas mãos me fizeram
e me formaram,
formaste-me como barro,
vida e misericórdia me concedeste,
e teu cuidado guardou meu espírito.

Cf. Jó 10,8-12

As borboletas são gratas por poderem voar,
os peixes são gratos pelo mar.
Os pássaros são gratos por saberem cantar
e eu sou grato por me criar!

Bethan James

Pela luz desta nova manhã,
Pai, nós vos agradecemos;
pelo descanso e abrigo da noite,
Pai, nós vos agradecemos;
pela saúde e alimentação, pelo amor
e pelos amigos,
por tudo que vossa bondade envia,
Pai do céu, nós vos agradecemos.

Ralph Waldo Emerson

Minhas Primeiras Orações

Sally Ann Wright
e Frank Endersby

Direção-geral: Ágda França
Tradução: Andréia Schweitzer
Textos: Sally Ann Wright
Ilustrações: Frank Endersby

A versão da Bíblia utilizada aqui como referência é *A Bíblia*, (São Paulo, Paulinas, 2023), com as devidas e necessárias adaptações.

Título original: My Little Christening Gift Books – My Little Christening Prayers

Este livro é parte integrante da coleção "Vivendo no coração de Deus: trilogia infância católica". Não pode ser vendido separadamente.

Cadastre-se e receba nossas informações
paulinas.com.br
Telemarketing e SAC: 0800-7010081

Paulinas
Rua Dona Inácia Uchoa, 62
04110-020 – São Paulo – SP (Brasil)
(11) 2125-3500
editora@paulinas.com.br

Direção-geral: Ágda França
Tradução: Andréia Schweitzer
Textos: Sally Ann Wright
Ilustrações: Frank Endersby

A versão da Bíblia utilizada aqui como referência é *A Bíblia*, (São Paulo, Paulinas, 2023), com as devidas e necessárias adaptações.

Título original: My Little Christening Gift Books – My Little Christening Bible

Este livro é parte integrante da coleção
"Vivendo no coração de Deus: trilogia infância católica".
Não pode ser vendido separadamente.

Cadastre-se e receba nossas informações
paulinas.com.br
Telemarketing e SAC: 0800-7010081

Paulinas
Rua Dona Inácia Uchoa, 62
04110-020 – São Paulo – SP (Brasil)
(11) 2125-3500
editora@paulinas.com.br

Minha Primeira Bíblia

Sally Ann Wright
e Frank Endersby

Sumário

O maravilhoso mundo de Deus

No princípio, Deus criou o mundo.

Deus disse: "Que haja luz!". E a luz brilhou na escuridão. Deus criou o céu, com as nuvens e o vento para soprá-las.

Deus criou a terra e o mar. E fez plantas e árvores frutíferas diversas.

Deus criou o sol, para o dia, e a lua, para a noite. Também fez milhões de estrelas.

Deus disse: "Que os peixes dominem o mar!". E assim o mar ficou cheio de peixes e de grandes criaturas marinhas. Deus disse: "Que as aves voem no céu!". E então pássaros de muitas espécies revoaram!

Deus criou todos os animais. Então, Deus criou os seres humanos.

Deus ficou muito satisfeito com tudo o que havia feito. E, então, ele descansou.

A incrível arca de Noé

O mundo era bonito, mas problemas começaram a surgir. Deus viu que era demais a maldade do ser humano na Terra.

Noé amava muito a Deus. Então, um dia, Deus o avisou de que haveria um dilúvio e que ele deveria construir um barco grande e enchê-lo de animais – um casal de cada espécie. Noé e seus filhos construíram uma arca, conforme a recomendação do Senhor.

Noé armazenou alimento para sua família e para todos os animais. Então começou a chover, e a água cobriu toda a terra. Todos que estavam dentro da arca ficaram a salvo.

Depois de várias semanas, a chuva parou. Demorou muito até que a terra secasse. Então, Noé e sua família construíram um altar e agradeceram a Deus.

Deus fez surgir um arco-íris no céu como promessa de que nunca mais ocorreria um dilúvio como aquele.

O bebê de Abraão e Sara

Abraão era um bom homem e sempre ouvia o que Deus lhe falava. Um dia, Deus disse a ele que deixasse a casa de seu pai e se mudasse para uma nova terra. Abraão arrumou suas coisas e iniciou a longa viagem, levando sua esposa Sara, seu sobrinho e tudo o que possuía. Ele não sabia para onde estavam indo, mas confiou em Deus para guiá-los rumo a um novo lar.

"Olhe para o céu e conte as estrelas", disse Deus. "Assim será sua família. Tão numerosa quanto as estrelas que você consegue ver." Abraão e Sara não tinham filhos e, sem filhos, sua família não poderia crescer. Mas Abraão confiava em Deus.

Quando Abraão já era bem velho, Sara engravidou e deu à luz um menino. Eles o chamaram de Isaac. Deus cumpriu sua promessa.

O filho querido de Jacó

O neto de Abraão, Jacó, tinha uma família grande. Ele amava todos os seus filhos. Mas José era o seu filho mais querido.

Certo dia, Jacó deu a José uma túnica muito adornada e bonita, para mostrar-lhe o quanto o amava. José ficou feliz, mas seus irmãos sentiram ciúme.

Os irmãos, então, organizaram um plano terrível para se livrar de José. Eles o jogaram em um poço vazio e planejavam abandoná-lo lá. Mas, então, um grupo de homens, com camelos carregados de mercadorias,

passou a caminho do Egito. Judá, um dos irmãos, teve a ideia de vender José para aqueles comerciantes.

José foi vendido para ser escravo no Egito. Ele achava que nunca mais veria seu pai ou seus irmãos.

Os irmãos de José disseram para Jacó que o filho querido dele havia sido morto por um animal selvagem. Jacó ficou muito, muito triste.

O plano especial de Deus

José não conseguia entender por que seus irmãos tinham feito aquilo. No Egito, ele trabalhou duro e agradou seu patrão. Infelizmente, a esposa do patrão contou mentiras sobre ele, e José foi preso.

Enquanto estava na prisão, José ajudou outros dois prisioneiros a decifrar seus estranhos sonhos. Tempos depois, o grande faraó do Egito também teve um sonho, e José foi levado para interpretá-lo.

José se tornou amigo do faraó e passou a ser responsável pelo trabalho mais importante do país, ajudando o povo do Egito a lidar com a falta de alimento.

Foi assim que, anos mais tarde, ao irem ao Egito em busca de comida, os irmãos de José o encontraram novamente.

"Eu sou José, irmão de vocês, negociado para comerciantes do Egito! Deus me enviou adiante de vocês, para a preservação da vida de todos", disse José.

Jacó e toda a sua família foram morar com José no Egito. Jacó ficou feliz novamente.

O irmãozinho de Miriam

Nasceu o irmãozinho de Miriam! Mas a mãe dela parecia assustada.

"Miriam", ela sussurrou, "não conte a ninguém sobre o bebê. O rei do Egito mandou jogar todos os meninos hebreus no rio!"

Miriam guardou segredo, mas, à medida que o bebê crescia, seu choro começou a chamar a atenção. A mãe de Miriam teve então uma ideia: preparou uma cesta, colocou o bebê nela e a escondeu no meio dos juncos, à beira da água.

Ela deixou o bebê ali, confiante de que Deus ia cuidar dele.

Miriam postou-se a certa distância, para saber o que iria acontecer a ele, a pedido de sua mãe, e viu quando a princesa foi nadar no rio e encontrou a cestinha.

"É um bebê hebreu!", ela exclamou. Com compaixão, ela decidiu: "Vou cuidar dele".

Miriam saiu de seu esconderijo e disse à princesa que iria encontrar uma mulher que pudesse amamentar o bebê.

Então Miriam correu e foi buscar a própria mãe. Agora ela cuidaria de seu bebê e ninguém poderia machucá-lo. Deus manteve o irmão de Miriam a salvo, e ele recebeu o nome de Moisés.

A grande fuga

Moisés cresceu no palácio real, mas nunca se esqueceu de suas origens. Ele via como o faraó tratava cruelmente seus escravos.

"Vá até o faraó", disse Deus, "e diga a ele para libertar meu povo!"

Mas o faraó não libertou o povo... até que dez terríveis pragas atingiram a sua nação. O faraó, então, ordenou que todos os israelitas fossem embora. Mais tarde, porém, o faraó mudou de ideia.

Moisés havia acampado com seu povo perto do mar Vermelho. E, quando viram o exército do faraó chegando, ficaram apavorados.

"Não tenham medo!", disse Moisés. "Deus nos ajudará."

Moisés ergueu o seu cajado sobre as águas do mar Vermelho... e um vento forte fez com que se abrisse um caminho seco no meio do mar. Ele conduziu seu povo em segurança através desse caminho, até o outro lado do mar. Mas, quando o exército do faraó tentou segui-los, as águas retornaram ao leito do mar e seus carros de guerra foram encobertos.

Os israelitas estavam livres. Deus os salvou.

Samuel ouviu a voz de Deus

O jovem Samuel realizava um trabalho muito especial. Ele ajudava Eli, o sacerdote, que estava velho e quase cego.

Certa noite, quando Samuel estava deitado em sua cama, ouviu uma voz chamando seu nome: "Samuel! Samuel!". Ele correu até Eli. "Eis-me aqui!", disse.

Eli ficou muito surpreso: "Eu não chamei. Volte a deitar".

Então voltou para a cama e tentou voltar a dormir.

"Samuel! Samuel!", chamou a voz novamente.

Samuel deu um pulo e correu até Eli: "Eis-me aqui, porque me chamou!", ele disse.

"Eu não chamei, meu filho!", disse Eli. "Volte a deitar."

Quando Samuel voltou para a cama, ouviu a voz pela terceira vez. Correu novamente até Eli. "Eis-me aqui!", ele disse.

Dessa vez, Eli entendeu que era Deus chamando Samuel, e instruiu o jovem: "Da próxima vez, você deve dizer: 'Fala, Senhor, que seu servo escuta'".

Samuel respondeu da forma como lhe fora ensinado e ouviu tudo o que Deus tinha a dizer. À medida que crescia, o Senhor lhe disse muitas outras coisas, e ele se tornou um homem sábio, que ajudou muito o povo de Deus.

Davi encontra um gigante

Davi era um jovem pastor. Seus irmãos mais velhos lutavam contra os filisteus ao lado do exército do rei Saul.

Um dia, o pai de Davi pediu que ele fosse ver como estavam seus irmãos.

No exército filisteu havia um guerreiro chamado Golias, que era um homem gigante.

"Mande alguém para combater comigo!", ele vociferava para o exército de Saul. Mas todos tinham medo dele.

"Eu vou lutar contra ele", disse Davi corajosamente. "Deus me salvou de leões e ursos. Tenho certeza de que ele vai me salvar novamente."

"Tudo bem", disse o rei. "Mas use minha armadura e minha espada."

Porém, a armadura do rei era grande demais e a espada, muito pesada. Então Davi foi até o riacho e pegou cinco pedras lisas. Golias caiu na gargalhada.

Davi colocou uma das pedras em sua funda e arremessou-a. A pedra atingiu a testa de Golias, e o gigante caiu no chão.

Todo o exército aplaudiu Davi. Deus o manteve a salvo do gigante filisteu.

Elias e os corvos

Na terra em que vivia Elias, não chovia há dias, semanas e meses.

"Não se preocupe", Deus disse a Elias. "Eu vou mostrar a você para onde ir."

Então Elias caminhou por entre as colinas poeirentas até encontrar um riacho, em um vale solitário, com água fresca para beber. Ali ficava muito longe de qualquer

cidade, e Elias não tinha nada para comer. Mas ele sabia que Deus cuidaria dele.

"Fique perto do riacho", disse Deus, "e eu lhe enviarei comida."

No alto do céu, Elias viu algo voando. Era um grande corvo, que carregava um pedaço de pão no bico. O corvo pousou e deu o pão a Elias.

Todos os dias os corvos traziam comida para Elias. Quando tinha sede, ele bebia do riacho torrente. À noite, ele dormia em uma caverna entre as rochas.

Elias encontrava-se sozinho, mas não sentia medo, porque Deus sabia exatamente onde ele estava. E Elias agradecia a Deus por cuidar dele.

Jonas e o peixe grande

Deus disse a Jonas: "Vá para Nínive, a grande cidade". "Diga às pessoas que parem de fazer coisas más."

Jonas não queria ir. Então ele encontrou um navio que estava dirigindo-se para Társes e embarcou nele. Ele imaginou que Deus não o encontraria, se navegasse para longe de sua face.

Mas logo houve uma forte tempestade. E os marinheiros disseram a Jonas que rezasse a seu Deus pedindo ajuda.

"A culpa é minha", disse Jonas. "Eu desobedeci a Deus. Joguem-me no mar e vocês se salvarão."

Naquele momento, Jonas foi lançado no profundo mar azul. Mas Deus enviou um peixe enorme que o engoliu. Ele ficou dentro do peixe durante três dias e três noites.

"Desculpe-me por ter fugido", disse ele a Deus. "Obrigado por me salvar."

Então Deus falou ao peixe, que vomitou Jonas na praia. Então, Jonas foi para Nínive, levando a mensagem de Deus. Os homens de Nínive também se arrependeram. E porque Deus é bom e amoroso, ele os perdoou.

Daniel e os leões

Daniel foi levado para a Babilônia, longe de sua casa. Ele amava a Deus e rezava três vezes ao dia.

Daniel se distinguia em razão do espírito extraordinário que se encontrava nele, e o rei fez dele um homem muito importante. Mas havia muitas pessoas com inveja.

Os inimigos de Daniel então disseram: "Todas as pessoas deveriam rezar apenas ao rei. Vamos dizer a ele que faça uma lei segundo a qual qualquer um que não o considere o maior de todos seja jogado na cova dos leões".

Daniel ouviu falar da nova lei, mas amava a Deus e continuou rezando a ele três vezes ao dia. Então seus inimigos o prenderam e o levaram para a cova dos leões.

O rei sabia que havia sido enganado, mas precisava cumprir a lei.

Na manhã seguinte, ele chamou: "Daniel! O seu Deus o salvou?".

"Sim, ó rei! Deus enviou um anjo para impedir que os leões me devorassem."

Então o rei contou a todos o quão maravilhoso foi Deus, que salvou Daniel dos leões.

O bebê na manjedoura

Maria e José tinham ido de Nazaré a Belém para cumprir o decreto do recenseamento. Ela estava grávida, e o bebê estava para nascer. Mas, quando chegaram a Belém, não havia onde se hospedar.

Por fim, José bateu à porta de uma última pousada. O dono da pousada deixou que eles ficassem no lugar onde os animais dormiam. Maria deu à luz o seu filho. Ela o envolveu em panos e o colocou na manjedoura.

Um anjo havia dito a Maria que seu bebê seria chamado Filho do Altíssimo – e que seu nome deveria ser Jesus.

Nas colinas perto de Belém, alguns pastores estavam cuidando de suas ovelhas, quando viram um anjo.

"Não tenham medo! Jesus, o Filho de Deus, nasceu em Belém. Vocês encontrarão o bebê deitado em uma manjedoura." Nesse momento, uma multidão de anjos cantou: "Glória a Deus nas alturas!".

Os pastores correram à procura da criança. Eles encontraram Maria, José e o recém-nascido, exatamente como o anjo havia dito.

Seguindo a estrela

Longe, no Oriente, os magos, que eram homens sábios, viram uma nova estrela brilhante no céu e se perguntaram o que isso poderia significar.

"Nasceu um rei", eles concluíram. "Devemos ir adorá-lo."

Levando baús cheios de presentes especiais, eles partiram seguindo a estrela.

Quando chegaram a Jerusalém, perguntaram ao rei Herodes: "Onde está o recém-nascido Rei dos Judeus?".

O rei Herodes reuniu os sumos sacerdotes e escribas, e eles chegaram à conclusão de que o bebê estaria em Belém da Judeia. Ele informou os magos e pediu que voltassem para lhe dizer se haviam encontrado o bebê.

Quando os magos encontraram a pequena cidade de Belém, a estrela estava parada acima de onde se encontrava o menino. Lá encontraram Maria e seu filhinho e lhe deram presentes: ouro, incenso e mirra.

João Batista batiza Jesus

Jesus cresceu e se tornou carpinteiro como José.

Um dia, ele foi ao rio Jordão onde João estava batizando algumas pessoas.

João Batista foi um profeta de Deus. Ele vivia no deserto, vestia roupas simples e comia o que encontrava na natureza. A sua mensagem para o povo era clara: "Afastem-se de tudo aquilo que é errado", dizia ele. "Mostrem que estão arrependidos e que desejam o perdão de Deus. Quem tiver dois casacos, dê um para alguém que não possui nenhum. Quem tiver comida

sobrando, compartilhe com alguém que está com fome. Sejam honestos. Mostrem que amam a Deus fazendo coisas boas."

Jesus pediu para ser batizado.

João Batista tentou dissuadi-lo, dizendo que ele é que deveria ser batizado por Jesus.

Por fim, João Batista acabou concordando e batizando Jesus.

"Este é o meu Filho Amado, no qual me comprazo", disse Deus.

Deus nos ama

As pessoas logo perceberam que Jesus era gentil e bom. Ele se preocupava com todos – jovens e velhos, ricos e pobres –, assim como Deus também se importa com todos nós.

"Observem as aves do céu:
não semeiam, nem colhem,
nem guardam em celeiros e,
no entanto, o Pai celeste as alimenta!",
disse Jesus. "Por isso, não se angustiem, pensando: 'Que comeremos? Que beberemos? Que vestiremos?'.
Busquem, primeiro de tudo,
o Reino de Deus e a justiça deste,
e todas essas coisas lhes serão dadas por acréscimo!"

Uma abertura no telhado

Certo dia, uma multidão se reuniu para ouvir Jesus, que estava em uma casa em Cafarnaum.

Vieram também quatro homens carregando um amigo em uma maca. Eles queriam que Jesus ajudasse esse amigo que não conseguia andar. Quando viram que não havia espaço para entrar pela porta, subiram no telhado e fizeram uma abertura grande o suficiente para descer a maca.

Jesus sabia o que eles queriam.

"Pode se levantar e ir para casa agora", disse ele. "Eu o curei."

Todos ficaram surpresos quando o homem se levantou, pegou a maca e foi embora. Mas alguns daqueles que assistiram à cena não gostaram do que viram.

Jesus acalma a tempestade

Jesus cresceu e era tão sábio e cheio da graça de Deus quanto o anjo predisse a Maria. Ele cuidava das pessoas, curava as que estavam doentes e dizia-lhes o quanto Deus as amava.

Um dia, Jesus e seus discípulos subiram em um barco.

"Vamos para o outro lado do lago", disse Jesus.

Jesus estava cansado. Tinha sido um dia agitado. Ele logo adormeceu, ao balanço do barco.

De repente, surgiu uma forte tempestade e o barco começou a sacudir violentamente. As ondas aumentavam mais e mais. Os discípulos de Jesus ficaram com medo de afundar.

"Senhor, Senhor!", gritaram a Jesus. "Vamos nos afogar!"

Jesus acordou e disse: "Por que estão com tanto medo?".

Então ele se levantou e ordenou que o vento e as ondas se acalmassem.

A tempestade cessou e todos ficaram maravilhados.

"Até os ventos e as ondas lhe obedecem!", disseram os discípulos.

Jesus alimenta as pessoas

Certa vez, Jesus estava falando para uma grande multidão. As pessoas haviam passado o dia todo ali, ouvindo-o, e estavam com fome.

"Onde podemos comprar pão para alimentar toda essa gente?", Jesus perguntou a Filipe.

"Há uma multidão aqui!", disse Filipe, "e não temos como comprar comida."

André aproximou-se de Jesus e disse: "Há um menino aqui com cinco pães e dois peixes. Mas isso é pouco".

Jesus disse às pessoas que se sentassem na grama. Pegou os cinco pães e os dois peixes e agradeceu a Deus pela comida. Em seguida, ele partilhou a comida entre todos. Ninguém ficou sem comer.

Jesus dividiu os cinco pães e dois peixes com mais de cinco mil pessoas e, no final, ainda haviam sobrado doze cestos cheios!

A ovelha perdida

Certo dia, Jesus contou uma história para a multidão reunida a seu redor.

A história era sobre um homem que tinha cem ovelhas. Ele as conhecia pelo nome e cuidava bem de todas elas. À noite, ele contava as ovelhas enquanto passavam pelo portão para ter certeza de que todas estavam lá. Mas houve uma noite em que em sua contagem havia apenas noventa e nove. Estava faltando uma ovelha.

A ovelha tinha se afastado do rebanho e agora estava perdida. Nesse momento, o pastor saiu para procurá-la. O pastor andou, andou, e, quando a encontrou, ela estava tão cansada que mal conseguia ficar de pé. Então a pegou no colo e a levou para casa.

O pastor ficou tão feliz, que convidou todos os seus amigos para comemorar! A ovelha que estava perdida tinha sido encontrada.

Às vezes, as pessoas se perdem de Deus e acabam fazendo coisas que não são boas. Mas ele as ama e quer trazê-las de volta para casa, em segurança. E, quando consegue fazer isso, a felicidade é tão grande quanto a do pastor que encontrou a ovelha perdida.

O filho que voltou para casa

Certa vez, Jesus contou uma história para mostrar o quanto Deus nos ama.

A história era sobre um homem que tinha dois filhos. O filho mais novo pediu ao pai a sua parte na herança e partiu para uma região distante. O pai ficou triste com a partida, pois ele amava o filho.

O jovem dissipou a herança. Ele já não tinha mais amigos, e começou a passar necessidade. O único trabalho que conseguiu era para dar alimento aos porcos. E ele estava com tanta fome, que quase comeu a comida dos animais!

O jovem, então, pensou em voltar para casa. Talvez o pai o deixasse trabalhar na fazenda.

Ao chegar perto de sua antiga casa, seu pai veio correndo em sua direção, abraçou-o e beijou-o.

Deus ama todos os seus filhos. Não é preciso ter medo de voltar para perto dele e pedir perdão pelos erros cometidos. Deus irá acolher a todos com muito amor.

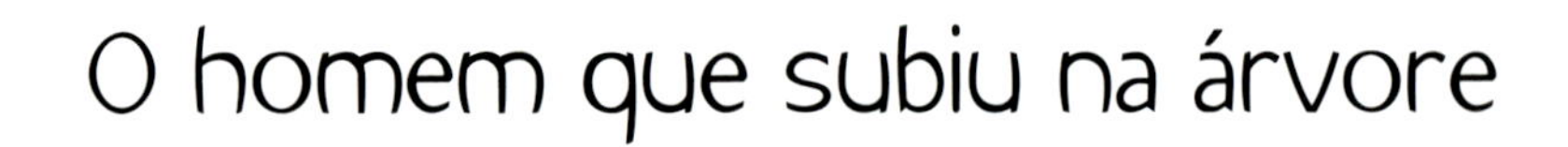

O homem que subiu na árvore

Zaqueu era chefe dos coletores de impostos.

Um dia, ele viu uma multidão caminhando na rua.

As pessoas diziam que Jesus estava chegando na cidade de Jericó.

Zaqueu tinha ouvido falar de Jesus e queria conhecê-lo. Mas ele era de pequena estatura e ninguém o deixava passar. Então, decidiu subir em uma árvore para vê-lo. Lá estava Jesus!

Jesus olhou para cima e lhe disse: "Zaqueu, desça depressa, pois hoje preciso ficar na sua casa". Ele desceu depressa e deu-lhe hospedagem com alegria. Quando todos viram isso, começaram a murmurar: "Jesus entrou para hospedar-se na casa de um pecador".

Zaqueu, então, falou: "Darei a metade de meus bens aos pobres, e, se tiver defraudado alguém, lhe restituo quatro vezes mais!".

Jesus lhe disse: "Hoje a salvação chegou a esta casa".

Jesus se despede

Jesus era querido por muitas pessoas. Mas os sumos sacerdotes e os escribas buscavam um modo de eliminá-lo. Então, Judas Iscariotes, que pertencia ao grupo dos Doze, decidiu traí-lo em troca de dinheiro.

Antes da festa da Páscoa, Jesus reuniu-se com os apóstolos em uma casa em Jerusalém. Todos jantaram juntos. "Desejei intensamente comer esta Páscoa com vocês."

Jesus tomou o pão; tendo dado graças, partiu-o e disse: "Isto é meu corpo, que é dado por vós. Fazei isto em minha memória!". Do mesmo modo, tomou também o cálice, depois de cear, dizendo: "Este cálice é a nova aliança em meu sangue. Todas as vezes que beberem, façam isto em minha memória!".

Depois da ceia, Jesus disse que iria preparar um lugar para todos na casa do Pai.

Seus discípulos não entenderam que essa seria a última vez que jantariam juntos.

Os soldados prendem Jesus

Judas já tinha ido embora, quando Jesus foi com seus discípulos para um jardim de oliveiras, chamado Getsêmani.

Jesus se afastou, mas, antes, pediu a seus discípulos que vigiassem e esperassem por ele. Então se ajoelhou e, sozinho, orou a Deus, pedindo coragem para enfrentar o que estava por vir. Disse Jesus: "Afaste de mim este cálice! Não, porém, o que eu quero, mas o que o Senhor quiser".

Enquanto isso, um por um, seus discípulos adormeceram.

Quando Jesus foi acordá-los, tochas acesas podiam ser vistas por entre as árvores. Judas estava lá, liderando um grupo de homens armados. Ele deu um passo à frente para cumprimentar Jesus com um beijo. Esse era o sinal que ele havia combinado com os soldados.

Jesus foi preso ali mesmo no jardim. Seus discípulos ficaram com tanto medo, que fugiram e o abandonaram.

Uma coroa de espinhos

Os sacerdotes levaram Jesus a Pôncio Pilatos, o governador romano. Pilatos sabia que Jesus não tinha feito nada de errado, mas percebeu que os líderes religiosos tinham raiva dele e o entregou aos soldados para ser crucificado.

Os soldados trançaram uma coroa de espinhos, que colocaram na cabeça de Jesus, e ainda riram dele. Fizeram com que carregasse sua pesada cruz até o local da execução e o pregaram nela, no meio de dois ladrões.

A mãe de Jesus e João, o discípulo que ele amava, ficaram a seu lado. No meio da tarde, Jesus pronunciou suas últimas palavras e morreu.

Seu corpo foi sepultado em um sepulcro novo e fecharam a entrada com uma pesada pedra.

Jesus está vivo!

Na manhã de domingo, Maria de Mágdala e algumas outras mulheres foram ao lugar onde Jesus havia sido enterrado.

Para a surpresa delas, a pesada pedra tinha sido removida e o sepulcro estava vazio! Havia apenas alguns panos de linho dobrados. Então, elas ouviram a voz de um anjo: "Não procurai entre os mortos aquele que está vivo. Não está aqui, mas foi ressuscitado".

As mulheres correram para contar aos outros, mas Maria ficou ali, diante do túmulo, chorando. De repente, ela ouviu a voz de um homem, chamando seu nome. Maria conhecia aquela voz.

"Mestre!", disse Maria.

Era mesmo Jesus... Ele estava vivo! Maria não conseguia entender como isso poderia estar acontecendo, mas o estava vendo, com os próprios olhos.

A promessa de vida nova

Alguns dias depois, os discípulos de Jesus permaneciam reclusos, com medo.

Jesus foi vê-los e contou que havia ressuscitado.

Então, certa manhã, eles viram Jesus às margens do lago da Galileia. Ele ordenou que lançassem a rede de pesca do outro lado do barco. Quando o fizeram, puxaram uma enorme quantidade de peixes.

Jesus disse também que esperassem por ele em Jerusalém. Precisava voltar para a casa do Pai, mas enviaria o Espírito Santo. Estaria com eles o tempo todo, em todos os lugares. Nunca os deixaria sozinhos. Pediu que dissessem a todos que tinha morrido por eles e que agora estava vivo.

O Espírito Santo veio até os discípulos, que saíram contando a todos o que tinham visto e vivido. Hoje as pessoas sabem o quanto Jesus é bom!